CUADERNO BLANCO

Créditos

Título original: *Cuaderno blanco*.

© Rolando Sánchez Mejías
© 2008, Linkgua ediciones S.L.

e-mail: info@linkgua.com

ISBN rústica: 978-84-9816-620-0.
ISBN cartoné: 978-84-9816-697-2

ROLANDO SÁNCHEZ MEJÍAS

CUADERNO BLANCO

BARCELONA **2008**
LINKGUA-ediciones.COM

en medio del verano
nieve

blanca

más bien en la no
palabra?

más bien en la no
escucha?

un gato por
ejemplo

sobre la
nieve

un
punto

se
le divisa des-

lizándose por
la

nieve

en la infinita
distancia

blanca*

* Así, contra tanta blancura, como del Reino de Dios, o de la mente
vacía, y algo fuera de foco, un cínico con muletas y su mujer, tam-
bién tropezando.

estriada por
trazos muy

negros

huellas de
apenas la

altura de
una

pezuña

in illus temporis con
huellas de

lobos

en un contexto de
nieve y

sombra

una forma
que a través del espacio
habrá de

a-

travesar

una línea
des-

nuda

sustituida por

otra línea
des-

nuda

es decir
reducir

números y
letras

en un
cuaderno

blanco

es decir la
trans-

formación de
la poesía o

la meta-
morfosis de

la realidad
en

un
quantum

1
vara
de tela =

1/2
libra de

té

1
vara
de tela=

2
libras de

café

trazos
muy

negros

en nombre
de la

poesía

o en nombre
del

capital

primero cálculo
y luego

        belleza

(dijo)

primero cálculo
y luego

        espontaneidad

(dijo)

es decir que
había que
ras-

        gar

es decir que
para tener

acceso a
las

cosas

o a la nada
que hay detrás
de las

cosas

había que
ras-

        gar

página en blanco
es lo que

sobra

luz que te ciega
y uñas para

ras

        -par

una vez
en montmartre

arrancó
una hoja de

gimko

y la hoja lo arrastró
cuesta abajo de
mont-

　　　　martre

un
pájaro pen'g

bajando como un bólido
la loma de mont-

        martre

la espina dorsal
y las costillas ventrales
totalmente

chinas

(se puede ser chino
por un

                    segundo?)

(se puede ser chino
por un

        segundo)

y
chejov a

suvorin
(carta de 1892):

sin
visiones

políticas

sin
objetivos
próximos ni

lejanos

nuestra
alma

vacía

dios no existe
dios ha

muerto

y
no temo la

ceguera ni
la

muerte

(aunque
no me tiraría

como garchin
por el hueco de la esca

-lera)

y
en el invierno

de 1936:

una
maleta
pequeña

un
bastón
de madera

un
cuello
postizo

pan
y 2 terrones de

a-

    zúcar

y

sopa a-

guada

y

otra vez
sopa a-

    guada

luego dio
tres

      cuatro

        pasos

y
se

ca

-yó

sobre
la

nieve

cielo
y bosque

nunca

(dijo)

más una
uni-

dad

aunque
en cada fase del cálculo

una nueva
unidad

de medida

es decir
abrir
un

hueco
tras

otro

en la terrible
y tiránica
superficie

semántica

como un
topo que

cava y
vuelve a

ca-

var

en poesía

sólo vale
la

forma

(dijo)

en poesía
la forma es una extensión del con-

tenido

(dijo)

en poesía

la línea se
cierra y se

ex

-pande

se
cierra y se
ex

-pande

nada anuncia
el Reino de Ar-

Monía

sin embargo

hay
ligamen

es
muy
simple

(dijo)

vivir

        sufrir

                y morir

dijo to-
cándose la
cabeza con

un

dedo